AF509131

CONGRÈS INTERNATIONAL

D'HYGIÈNE ET DE DÉMOGRAPHIE

A PARIS EN 1889

DEUXIÈME QUESTION

De l'enlèvement et de l'utilisation des détritus solides

(Fumiers, boues, gadoues, débris de cuisine, etc.)

DANS LES VILLES ET LES CAMPAGNES

RAPPORT

Par M. le docteur DU MESNIL

Médecin de l'Asile national de Vincennes, secrétaire du Comité consultatif d'hygiène publique de France

Et M. JOURNET

Ingénieur des ponts et chaussées, attaché à la direction des travaux de Paris

---

PUBLICATIONS DES *ANNALES ÉCONOMIQUES*

CHALLAMEL ET Cie

5, RUE JACOB, ET RUE FURSTENBERG, 2

PARIS

CONGRÈS INTERNATIONAL D'HYGIÈNE & DE DÉMOGRAPHIE

DEUXIÈME QUESTION

DE L'ENLÈVEMENT & DE L'UTILISATION DES DÉTRITUS SOLIDES

(Fumiers, boues, gadoues, débris de cuisine, etc.)

DANS LES VILLES ET LES CAMPAGNES

Rapport par M. le docteur DU MESNIL

Médecin de l'Asile national de Vincennes
Secrétaire du Comité consultatif d'hygiène publique de France

Et M. JOURNET

Ingénieur des ponts et chaussées, attaché à la direction des travaux de Paris

La propreté de l'habitation humaine, dont l'importance au point de vue de l'hygiène augmente dans une proportion considérable à mesure que les agglomérations urbaines se développent et que la vie se concentre de plus en plus sur certains points, présente aussi des difficultés rapidement croissantes et prend, à mesure que l'on s'éloigne de la vie à la campagne, l'importance d'un véritable problème chaque jour renouvelé. Elle intéresse au plus haut degré la santé publique et, à ce titre, il n'est pas étonnant que sa solution ait fait l'objet de l'étude de toutes les municipalités importantes.

Les déchets de la vie peuvent se diviser en deux catégories : les matières fécales, dont nous n'avons pas à nous occuper en ce moment, et les résidus des maisons et de la rue, connus sous le nom de *boues urbaines, ordures ménagères* ou *gadoues.*

Nous allons suivre les diverses phases que leur disparition impose quotidiennement à la collectivité pour les besoins hygiéniques d'une ville, et qui sont :

1e La collecte dans les habitations;

2e L'enlèvement sur la voie publique comprenant le nettoiement de la voie elle-même;

3e Le transport à distance et l'utilisation ou la destruction des matières.

I. *Collecte.* — La réglementation dans l'intérieur des habitations est encore très peu avancée, sans doute en raison de la difficulté que l'on rencontre à contrôler ce qui se passe dans la maison et aussi de la diversité des installations et des besoins. La conséquence est que les systèmes appliqués sont très divers.

A Glasgow, par exemple, comme dans beaucoup de villes britanniques, deux modes de collection sont employés : le premier, désigné sous le nom de *morning-cart* ou de *bell-cart system*, est appliqué dans le centre de la ville où les constructions sont principalement occupées par des magasins et des boutiques; là, les récipients sont à peu près supprimés; l'enlèvement se fait entre 11 heures du soir et 9 heures du matin ; le second, qu'on retrouve presque identique à Nottingham, à Bradford, etc., embrasse la plus grande partie de la cité; les dépôts d'ordures, qui comprennent tous les résidus ménagers, sont ordinairement de petites dimensions et sont vidés généralement tous les huit jours, quelquefois deux ou trois fois par semaine et même tous les jours dans les régions très peuplées. Cependant, dans quelques quartiers peu habités et où les propriétés donnent à l'arrière sur des passages, les enlèvements sont plus espacés. Ils se font pendant le jour.

Dans certaines villes d'Allemagne, les habitants déposent toutes les ordures dans des fosses où elles restent parfois plusieurs mois sans être enlevées.

Plus généralement, depuis quelques années, l'enlèvement est journalier et un récipient spécial est affecté à tous les habitants de la maison. Ce dernier système, qui a pour avantages la facilité d'enlèvement et la possibilité d'un nettoyage et d'une désinfection presque complets, doit être recommandé. Au point de vue sanitaire, il est préférable que les récipients soient métalliques. Doivent-ils être pourvus d'un couvercle pendant leur séjour dans la maison ? A cet égard les avis sont partagés. Un point seul a fait l'objet d'une réglementation, c'est l'obligation pour le propriétaire de mettre à la disposition de ses locataires, dès le soir, une boîte commune devant recevoir les résidus de toute la maison. L'arrêté préfectoral du 7 mars 1884, complétant celui du 24 novembre 1883, a édicté cette prescription pour la ville de Paris.

Nous ne connaissons une réglementation analogue qu'à Cologne où les véhicules, comme les boîtes à ordures, doivent être munis de couvercles et où l'enlèvement est réglé suivant un itinéraire déterminé par un récent arrêté de la municipalité. L'usage est à Moscou et à Saint-Pétersbourg, de placer la boîte commune sur une grille communiquant avec l'égout pour l'échappement des liquides et sous un couvercle fixe ; cette mesure ne paraît pas être obligatoire. La nécessité de désinfecter le récipient n'a pas non plus fait l'objet de prescriptions administratives, mais l'opération est certainement utile et nous devons rappeler qu'elle a été appliquée par la ville de Paris et à ses frais lors de la dernière épidémie cholérique ; la dépense attei gnait 1,500 francs par jour environ. Cependant l'arrêté préfectoral du 7 mars 1884 prescrit de tenir les récipients en bon état d'entretien et de propreté, tant intérieurement qu'extérieurement, de manière à ne répandre aucune mauvaise odeur à vide. Il en fixe aussi la capacité maximum à 120 litres ainsi que les plus grandes dimensions de façon à en assurer le maniement facile avec l'emploi du monte-charges adopté par la ville de Paris et fixé à l'arrière des voitures d'enlèvement. Aucun déversement de matières sur la voie publique n'est autorisé, même pour le chiffonnage.

II. *Enlèvement des matières.* — Le système de l'enlèvement par les soins de la municipalité est le plus généralement appliqué et paraît devoir se généraliser dans toutes les villes, tantôt à l'entreprise comme à Lyon, Marseille, Bordeaux, à Vienne, à Brême, Hambourg, Carlsruhe, Cologne, Mayence, Strasbourg, Stuttgard, Wurtzbourg, tantôt en régie comme à Lille, Bruxelles, Amsterdam, Breslau, Cassel, Dusseldorf, Francfort, Hanovre. Nous citerons, parmi les villes où les habitants sont chargés du soin de faire enlever leurs résidus ménagers, Rome, où les particuliers traitent directement avec des entrepreneurs à des prix qui varient de 0 fr. 30 à 1 franc par mois, Saint-Pétersbourg, Berlin, Aix-la-Chapelle, Dresde, Heidelberg, Munich, Nuremberg.

L'enlèvement est pratiqué exclusivement la nuit à Berlin et à Francfort, plus généralement dans les premières heures de la matinée, mais, dans certaines villes, il se fait en plein jour, notamment à Brême, Breslau, Leipsig, Hambourg, Nuremberg, et quelquefois le soir, comme dans certaines parties de la cité de Londres, où la circulation est exceptionnellement active.

A Paris, l'enlèvement, tant des ordures ménagères que des boues et poussières provenant du balayage des rues, est fait par la ville par l'intermédiaire d'entrepreneurs. La dernière adjudication, faite en octobre et novembre 1887, s'applique à une période de trois années, du 16 janvier 1888 au 15 janvier 1891.

L'entreprise a pour objet :

1° L'enlèvement journalier sur la voie publique de tous les produits sans exception, y compris les feuilles mortes provenant du balayage exécuté sur les chaussées, trottoirs ou contre-allées de toutes les voies classées ou non classées de la ville de Paris;

2° L'enlèvement, sur la voie publique et au seuil des maisons, des ordures ménagères, cendres et résidus quelconques de ménage que les habitants sont tenus de déposer dans leurs récipients communs ou particuliers, y compris les coquilles d'huîtres et de moules provenant des établissements publics ou des maisons particulières, y compris même les dépôts d'ordures qui seraient faits par les habitants en contravention à l'arrêté du 7 mars 1884;

3° L'enlèvement des matières provenant des nettoyages exécutés tant à l'intérieur qu'à l'extérieur des halles et marchés;

4° L'enlèvement des ordures ménagères provenant des casernes et des établissements municipaux, départementaux ou de l'État;

5° La fourniture des tombereaux attelés, accompagnés de leurs charretiers, à employer en régie, soit pour les enlèvements supplémentaires réservés à l'administration, soit pour l'enlèvement des marchandises avariées provenant des saisies, soit enfin pour les enlèvements des neiges et des glaces.

Les heures d'enlèvement sont fixées de 6 heures et demie à 8 heures et demie du matin en été, et de 7 heures à 9 heures en hiver. En réalité, l'administration a été conduite à accorder une demi-heure de tolérance d'une façon générale.

Le passage des tombereaux est signalé par le son d'une cloche fixée au tombereau par une lame flexible.

L'entreprise comprend, en outre, l'enlèvement des immondices ou détritus dans l'intérieur et aux abords des halles et marchés, aux heures fixées spécialement par l'administration pour chacun des établissements de cette nature, ainsi que des baquets contenant des boyaux, des poissons gâtés.

Les tombereaux doivent être solides, étanches et constamment maintenus en bon état d'entretien et de propreté.

Le chargement des tombereaux se fait au moyen d'un monte-charges fourni par l'administration; la boîte à ordures est apportée sur la plate-forme de cet instrument, élevée jusqu'au-dessus du tombereau et renversée lorsqu'elle est arrivée au sommet.

L'opération nécessite pour chaque tombereau trois hommes, y compris le charretier, l'un placé dans le véhicule pour renverser les boîtes et régulariser le chargement au moyen d'une fourche, les deux autres employés au transport du récipient de la porte de la maison au monte-charges; une femme suit chaque voiture et, à l'aide d'un balai de bouleau, rassemble les débris d'ordures errantes en petits tas qui sont repris à la pelle par un des ouvriers et jetés dans le tombereau.

Le charretier est fourni par l'entrepreneur; les autres ouvriers, hommes et femmes, appartiennent à l'administration et sont mis, pour cette opération, à la disposition de l'entrepreneur d'enlèvement qui en est responsable pendant toute la durée de l'enlèvement.

L'administration se réserve, en temps de neige et de glace, de ne fournir à l'entrepreneur qu'un seul ouvrier; dans ce cas, il est accordé une heure supplémentaire pour l'enlèvement.

Il est interdit à l'entrepreneur, sauf en cas de force majeure par suite d'accident, d'opérer des transbordements d'ordures de tombereau à tombereau sur la voie publique dans l'intérieur de Paris ou d'amener des tombereaux déjà chargés en partie.

L'entrepreneur a le droit de poursuivre les auteurs d'enlèvements illicites qui s'opéreraient à son détriment, à l'exception des chiffonniers dont le droit de recherche et de prélèvement, soit dans les récipients avant le passage des tombereaux, soit dans les tombereaux eux-mêmes lorsqu'ils sont autorisés à y monter pour aider au chargement, demeure expressément réservé. Ce travail des chiffonniers est, d'autre part, réglé par l'article 7 de l'arrêté du 7 mars 1884 ainsi conçu : « Il est interdit aux chiffonniers de répandre les ordures sur la voie publique; ils pourront faire le triage sur une toile et devront remettre ensuite les ordures dans les récipients. »

Il n'est pas inutile d'ajouter que ces prescriptions sont strictement appliquées et notamment que l'emploi de la toile par les chiffonniers s'est à peu près généralisé.

Les cubes des tombereaux sont fixés à 1 m. 25, 2 m. 50 et 3 mètres cubes au minimum, suivant qu'ils sont attelés d'un, deux ou trois chevaux. Le choix de ces diverses dimensions est soumis suivant les circonstances et les besoins aux ingénieurs de la ville de Paris.

L'article 34 du cahier des charges fixe les amendes ou retenues que l'entrepreneur subira pour toute négligence ou infraction dans l'exécution de son service, dûment constatée par procès-verbal régulier qui doit être notifié à l'entrepreneur dans un délai de vingt-quatre heures. Ces infractions visent notamment les retards dans l'enlèvement, les enlèvements incomplets ou la vidange incomplète des récipients, le défaut de fourniture de tombereaux spéciaux, les déversements sur la voie publique, le mauvais entretien du matériel, la détérioration des récipients. Les amendes fixées par l'article 34 varient de 0 fr. 50 à 10 francs.

On voit que la forme du véhicule n'a pas été fixée par le cahier des charges de la ville de Paris. Tout en considérant comme le meilleur type le tombereau bas et basculant, dont le modèle paraît réalisé avec le plus de bonheur à la cité de Londres, et qui a été recommandé par la Société allemande d'hygiène publique dans la quatorzième réunion tenue à Francfort en septembre 1888, on n'a pas voulu en imposant aux entrepreneurs de l'enlèvement une forme spéciale, proscrire l'emploi des voitures de cultivateurs des environs de Paris, qui sont plus hautes sur essieux parce qu'elles doivent circuler facilement dans les champs, et qui ne sont pas basculantes.

Accessoirement disons comment se fait le balayage de la voie publique, trottoirs et chaussée : ici encore nous trouvons la plus grande diversité suivant les pays, et, d'une ville à l'autre. Dans quelques villes d'Allemagne, à Berlin, Brême, Hambourg, Mayence, l'administration municipale fait tout le balayage.

A Francfort-sur-le-Mein, à Hanovre, les habitants sont tenus de balayer les trottoirs seulement. Mais dans la grande majorité des villes allemandes, à Aix-la-Chapelle, Breslau, Cassel, Dresde, Leipsig, Stuttgard, Wurtzbourg, non seulement le balayage du trottoir, mais celui de la chaussée est fait par les habitants, chacun au droit de soi et jusqu'au milieu de la voie. A Munich, l'obligation est limitée à 5 mètres au delà du ruisseau, à Nuremberg, à 8 mètres, à Strasbourg, à 4 mètres. Le reste est fait par l'administration municipale. Le dernier arrêté municipal de Cologne fixe les charges respectives de la ville et des habitants en ce qui concerne le nettoiement des voies publiques : l'administration prend à sa charge les chaussées, tant au point de vue du balayage que de l'enlèvement des neiges et du cassage des glaces et du balayage des trottoirs : les habitants restent chargés de l'enlèvement des neiges, du nettoiement en cas de dégel et du saupoudrage en cas de verglas de la surface des trottoirs au-devant de leur immeuble. A Saint-Pétersbourg, le balayage du trottoir et de la chaussée jusqu'à la moitié de la rue, quelle que soit sa largeur, ainsi que le balayage et l'enlèvement des neiges sur une étendue de 16 mètres sur les places publiques est à la charge des propriétaires riverains. Des aménagements spéciaux ont été faits par certains propriétaires pour fondre les glaces à domicile.

A Paris, le balayage et la propreté de la voie publique ont été réglés par une ordonnance de police du 1er septembre 1853, modifié par la loi du 26 mars 1873. L'ordonnance de police enjoignait aux propriétaires de faire balayer complètement, chaque jour, la voie publique au-devant de leur immeuble, jusqu'au ruisseau dans les voies à chaussée fendue ; dans les rues à chaussée bombée et sur les quais jusqu'au milieu de la chaussée ; sur les contre-allées des boulevards jusqu'aux ruisseaux des chaussées : le balayage devait être fait entre 5 heures et 6 heures du matin en été, entre 6 heures et 7 heures en hiver.

En outre, les propriétaires étaient tenus de faire gratter et balayer chaque jour les trottoirs existant au-devant de leurs propriétés, ainsi que les bordures desdits trottoirs : le cours des ruisseaux devait être assuré et tenu libre par les soins des propriétaires riverains.

La loi du 26 mars 1873 a converti cette obligation en une taxe municipale obligatoire, payable en numéraire, suivant un tarif délibéré par le conseil municipal après enquête et approuvé par un décret rendu dans la forme des règlements d'administration publique, tarif qui doit être revisé tous les cinq ans. La taxe ne peut d'ailleurs dépasser les dépenses occasionnées à la ville de Paris par le balayage de la superficie mise à la charge des habitants.

C'est donc, depuis cette époque, l'administration municipale qui est chargée du balayage de toutes les voies publiques, chaussées et trottoirs, et même d'un grand nombre de voies privées admises sur la demande des propriétaires à la taxe de balayage.

Cependant le payement de cette taxe, suivant l'article 2 de la même loi, n'exempte pas les riverains des voies publiques des obligations qui leur sont imposées par les règlements de police en temps de neige et glace : ces obligations peuvent se résumer ainsi qu'il suit :

Balayer la neige des trottoirs de 4 mètres de largeur au plus et le ruisseau sur une largeur de 0 m. 50, rejeter cette neige à la volée sur le milieu de la chaussée, casser les glaces du ruisseau et les relever en tas sur le bord, relever les neiges en tas lorsqu'on en sera requis par les agents de l'administration, jeter du sable, de la cendre ou du machefer en cas de verglas.

Sur les trottoirs de plus de 4 mètres, le riverain n'est tenu que de balayer sur cette largeur et d'ouvrir le passage jusqu'à la bordure, au droit des portes cochères et entrée.

Le reste du balayage, déblaiement, enlèvement et notamment le salage de la neige sont faits par le personnel du service municipal. L'espace nous manque pour nous étendre sur l'organisation très détaillée et complète de ce travail à Paris, balayage, etc...

III. *Transport à distance, utilisation ou destruction des matières.* — Le mode de transport des détritus ménagers et des boues de ville est déterminé par l'emploi qui en est fait. On peut dire d'une façon générale que pendant très longtemps les ordures ménagères ont été appliquées à la fumure des terres aux environs des villes où on les récoltait.

C'est même encore l'emploi ordinaire de ces matières. Mais à mesure que les agglomérations s'étendaient, que les faubourgs et communes voisines des grandes villes se peuplaient davantage, et surtout se peuplaient plus bourgeoisement, les transports se sont trouvés de plus en plus allongés. D'autre part, il est à remarquer que la production des ordures ménagères étant continuelle et journalière, et l'emploi d'engrais ne se faisant qu'à certaines époques de l'année, il est nécessaire de mettre la matière en dépôt. Or, ces dépôts faits aux abords des grandes villes, là où il est de mode de construire des villas ou habitations d'été, ont suscité des plaintes, et les municipalités se sont opposées à l'établissement de ces dépôts. Quelques chefs de municipalités sont allés jusqu'à interdire le passage des tombereaux d'ordures à travers la commune qu'ils administraient. Ces difficultés que la ville de Paris a rencontrées et qui ont fait monter rapidement la dépense d'enlèvement de ces résidus journaliers, se sont reproduites dans les autres villes et dans les autres pays à un degré variable avec la densité de la population et le développement agricole ou urbain des communes voisines. Nous pouvons même dire que la crise n'est pas arrivée à Paris à l'état aigu, puisque, aujourd'hui encore, la ville trouve le placement de ses résidus, qui sont entièrement employés par l'agriculture, et qu'elle n'en est pas encore arrivée, comme un certain nombre de villes en Angleterre, en Allemagne, en Amérique, à les détruire pour s'en débarrasser.

La gadoue constitue en effet un engrais précieux : sa composition a été déterminée par plusieurs chimistes distingués; nous citerons les résultats obtenus par M. Ladureau, à Lille, par M. Petermann, à Bruxelles, et par MM. Müntz et Girard à Paris.

L'analyse faite par M. Ladureau, en 1879, de gadoues anciennes et récentes, a donné les résultats suivants, concordant d'ailleurs très sensiblement avec les analyses qui étaient faites en même temps par M. Viollette, doyen de la Faculté des sciences de Lille.

	GADOUES	
	Anciennes.	Nouvelles.
Humidité	34.25	30.50
Matières organiques azotées et sels ammoniacaux	1.82	2.07
Matières organiques non azotées	16.93	16.43
Phosphate de chaux	1.06	0.88
Sels de potasse et soude solubles	0.61	0.67
Chaux, acides carbonique et sulfurique	5.35	1.24
Oxyde de fer, silice et silicates solubles	39.03	46.57
Magnésie	0.92	1.64
Totaux	100.00	100.00

M. Ladureau déduit de ces analyses la valeur de la gadoue, en comptant l'acide phosphorique qui s'y trouve au prix de 30 centimes le kilogramme, ce qui représente sa valeur dans les phosphates fossiles ou noirs animaux et la potasse à son cours normal de 80 centimes le kilogramme.

Gadoue ancienne	36 grammes azote ammoniacal à 2 fr. 50 le kil..	0 f 090
	257 grammes azote organique à 2 fr. le kil.....	0 511
100 kilogrammes	48 grammes acide phosphorique à 30 cent. le kil.	0 014
	8 grammes potasse à 80 cent. le kil.	0 007
	Total	0 f 625

soit 0 fr. 625 les 100 kilogrammes. La gadoue noire pesant environ 1,000 kilogrammes le mètre cube, le prix est de 6 fr. 25 le mètre cube.

Gadoue fraîche 100 kilogrammes	40 grammes azote ammoniacal à 2 fr. 50 le kil.	0 f 100
	292 grammes azote organique à 2 fr. le kil......	0 584
	38 grammes acide phosphorique à 30 cent. le kil.	0 011
	8 grammes potasse à 80 cent. le kil............	0 006
	Total...........................	0 f 701

soit 70 centimes les 100 kilogrammes. La gadoue fraîche pesant environ 800 kilogrammes le mètre cube, le prix est de 5 fr. 60 le mètre cube.

L'analyse faite par M. Petermann en 1873 à la station agricole de Gembloux, des boues et ordures de la ville de Bruxelles, a donné la composition suivante :

Eau....... :...	41 k 96
Matières organiques (avec 3 kil. 92 d'azote......................	228 78
Magnésie.... :............................	7 44
Chaux...	31 70
Potasse...	3 09
Soude	3 34
Oxyde de fer et alumine...................................	23 28
Acide phosphorique.......................................	6 02
Acide sulfurique	8 15
Acide carbonique...	4 90
Chlore..	0 53
Matières insolubles (sable, silice, argile).....................	640 81
Total...................	1.000 k 00

M. Petermann fixe ainsi qu'il suit la valeur théorique de la gadoue par 1,000 kilogrammes

3 kil. 09 de potasse à 0 fr. 40 le kilogramme.......................	1 f 23
6,02 d'acide phosphorique, insoluble, à 50 centimes..............	3 01
3,92 d'azote à 1 fr. 50......................................	4 88
Total......................	10 f 12

soit de 10 à 11 francs les 1.000 kilogrammes.

Les analyses de MM. Müntz et Girard, à Paris, ont porté sur deux échantillons de gadoue verte pris, l'un dans les voitures d'enlèvement des ordures ménagères, l'autre dans les résidus recueillis sur les grilles d'égout des halles, et sur deux échantillons de gadoue noire prélevés à Bagneux et à Gentilly et ayant tous deux six mois d'existence. Elles sont plus récentes et datent de 1885.

Les résultats de l'analyse ont été les suivants :

Gadoue verte des tombereaux	Pierres, verre, porcelaine, etc...................	8.3
	Partie fine passée à la claie.................	59.3
	Débris organiques grossiers..............	32.4
	Total	100.0

Ces deux dernières parties ont donné :

Parties fines...........	30.30		
Matière sèche..........	69.70	Matières organiques.............	18.09
		Matières minérales	51.61

Richesse p. 100 en principes fertilisants :

Azote..	0.43
Acide phosphorique....................................	0.52
Potasse	0.56
Chaux...	3.26

Débris grossiers : eau...	60.6		
Matière sèche..........	39.4	Matières organiques.............	14.74
		Matières minérales	24.66

Richesse p. 100 en principes fertilisants :

Azote..	0.41
Acide phosphorique....................................	0.33
Potasse...	0.36
Chaux...	1.99

La gadoue verte des tombereaux contient donc pour 100 kilogrammes :

Azote...	0,38
Acide phosphorique...................................	0,41
Potasse..	0.42
Chaux..	2,57

C'est à peu près comparable en tant que richesse en éléments fertilisants proprement dits au fumier de ferme ordinaire.

Gadoue verte des grilles ╮ Pierres, coquilles, etc....... 2,43 ╮
   d'égout des halles   ╯ Débris organiques........... 97,57 ╯ 100,000

La composition de la deuxième partie a été la suivante :

Eau........ 53,20

Matière sèche........... 46,80 ╮ Matières organiques..... 13,71
                                ╯ Matières minérales...... 33,09

Richesse p. 100 en principes fertilisants :

Azote 0,25
Acide phosphorique.................................. 0,33
Potasse................................ e 0,25
Chaux 0,30

La gadoue verte des halles contient donc pour 100 kilogrammes :

Azote... 0,26
Acide phosphorique.................................. 0,31
Potasse... 0,24
Chaux... 3,20

Sa richesse est donc inférieure à celle de la gadoue ordinaire. Il est à remarquer que la gadoue des halles est cependant préférée par le cultivateur.

La gadoue noire de Bagneux a donné pour 100 kilogrammes :

Azote... 0,45
Acide phosphorique 0,59
Potasse... 0,52
Chaux.. 3,75

La gadoue noire de Gentilly a donné pour 100 kilogrammes :

Azote... 0,39
Acide phosphorique.................................. 0,45
Potasse... 0,29
Chaux.. 2,92

L'une et l'autre de ces gadoues noires présentent donc à peu près la fertilité du fumier de ferme, avec un peu plus de richesse que la gadoue verte.

En résumé, MM. Müntz et Girard fixent ainsi la valeur des gadoues :

Gadoue verte ordinaire.	Azote : 0 kilog. 38 à 1 fr. 50 le kilogramme........	0 fr. 57	
	Acide phosphorique : 0 kilog. 41 à 0 fr. 30 le kilog.	0	12
	Potasse : 0 kilog. 42 à 0 fr. 50 le kilogramme......	0	18
	Chaux : 2 kilog. 57 à 0 fr. 01 le kilogramme........	0	02
	TOTAL par 100 kilogrammes	0 fr. 89	

soit 8 fr. 90 les 1.000 kilogrammes.

Gadoue des halles.	Azote : 0 kilog. 26 à 1 fr. 50 le kilogramme........	0 fr. 39	
	Acide phosphorique : 0 kilog. 31 à 0 fr. 30 le kil.	0	09
	Potasse : 0 kilog. 24 à 0 fr. 50 le kilogramme.....	0	12
	chaux : 3 kilog. 20 à 0 fr. 01 le kilogramme......	0	03
	TOTAL par 100 kilogrammes..........	0 fr. 63	

soit 6 fr. 30 les 1,000 kilogrammes.

Gadoue noire de Bagneux.	Azote : 0 kilog. 45 à 1 fr. 50 le kilogramme......	0 fr. 67	
	Acide phosporique : 0 kilog. 59 à 0 fr. 30 le kil...	0	18
	Potasse : 0 kilog. 52 à 0 fr. 50 le kilogramme....	0	26
	Chaux : 3 kilog. 75 à 0 fr. 01 le kilogramme.....	0	01
	TOTAL par 100 kilogrammes...........	1 fr. 12	

soit 11 fr. 20 les 1,000 kilogrammes.

Gadoue noire de Gentilly.	Azote : 0 kilog. 30 à 1 fr. 50 le kilogramme......	0 fr. 58	
	Acide phosphorique : 0 kilog. 45 à 0 fr. 30 le kil..	0	14
	Potasse : 0 kilog. 29 à 0 fr. 50 le kilogramme....	0	15
	Chaux : 2 kilog. 92 à 0 fr. 01 le kilogramme.....	0	03
	TOTAL par 100 kilogrammes...........	0 fr. 90	

soit 9 francs les 1,000 kilogrammes.

Il est intéressant de mentionner une opinion qui paraît généralement adoptée sur l'emploi de la gadoue dans la culture de la betterave : la gadoue ne produit pas une betterave riche. Elle peut être employée de fin août à fin novembre, mais au printemps, c'est à dire de fin février à avril et mai, époque des ensemencements, son emploi ne peut être que défavorable à la richesse saccharine.

La valeur intrinsèque de la gadoue explique comment l'emploi en a toujours été utilement fait par l'agriculture. Pour la ville de Paris, le cube total annuel est de 900,000 mètres cubes environ. Plus du tiers est enlevé directement par les agriculteurs de la banlieue, sous-traitants des entrepreneurs de la ville de Paris : le reste est expédié par chemin de fer ou par eau, ou charrié par les entrepreneurs, soit dans les dépôts qui leur appartiennent, soit aux lieux d'emploi dans les champs.

On peut admettre que le cube total se divise suivant les destinations comme suit :

Enlevé par les cultivateurs de la banlieue....................	327,000 mc
Expédié par chemin de fer (1)........................	203,000
Expédié par bateau............................	103,000
Porté aux dépôts temporaires ou au lieux d'emploi.........	267,000
TOTAL................	**900,000 mc**

Le poids moyen du mètre cube est de 800 kilogrammes.

Les cultivateurs des environs de Paris emploient pour les fumures de 75 à 80 tonnes de gadoue à l'hectare, ce qui correspond à 100 mètres cubes. Sur les terres de Créteil, fumées avec la gadoue, on récolte de 25 à 30 hectolitres de blé à l'hectare. Comme on admet généralement que la fumure à l'hectare ne doit pas dépasser 300 francs, il en résulte que la gadoue ne peut pas se payer plus de 3 francs le mètre cube rendu au lieu d'emploi. Ce prix maximum est confirmé par la limite des lieux d'emploi ; en effet la gadoue se vend en gare de Paris ou à quai de 0 fr. 50 à 0 fr. 75 le mètre cube et n'est pas employée dans les régions où le transport coûterait plus de 2 fr. 50.

Le fumier de cheval valant sur lieu d'emploi de 4 à 5 francs, on voit, si l'on tient compte des analyses qui ont été faites de la gadoue, que cette matière ne se paye pas à sa vraie valeur. Cela tient sans doute à ce qu'elle est mélangée de matières non seulement inertes, mais nuisibles, comme les tessons de poterie, débris de fer-blanc, etc., et aussi à ce que l'épandage se fait moins facilement que celui du fumier de ferme.

Ce sont donc les frais de transport et en particulier les tarifs de

---

(1) Les expéditions par chemins de fer se répartissent à peu près comme suit, entre les divers réseaux : Orléans, 63.000 ; Nord, 32.000 ; Ouest, 63.000 ; Est, 14.000 ; P.-L.-M., 31.000.

chemins de fer qui limitent l'emploi de la gadoue. Les prix de transport sont sur la ligne de l'Est de 0 fr.02 à 0 fr. 04, sur la ligne d'Orléans de 0 fr. 033 par tonne et par kilomètre.

La dépense d'enlèvement pour Paris a été en augmentant d'une façon assez régulière et beaucoup plus vite que le cube des ordures : au moment de l'adjudication de 1885, le chiffre du forfait a atteint 1,906,400 francs, ce qui donne pour prix d'enlèvement du mètre cube 2 fr. 14.

La dernière adjudication faite en 1887 a donné un chiffre inférieur, 1,761,940 francs, ce qui met le prix d'enlèvement du mètre cube 1 fr. 95.

Cet abaissement de la dépense doit être attribué à diverses causes : d'abord le nombre des lots d'entreprises a été diminué, ce qui a donné à chacun d'eux plus d'importance, circonstance avantageuse pour l'entrepreneur ; ensuite la ville s'était réservé le droit de retirer de l'entreprise et d'exécuter elle-même en régie l'enlèvement dans deux arrondissements : dans le xe en vue d'une exploitation agricole possible, dans le xixe pour un essai de destruction dans un four qui avait été projeté sur le type des fours crématoires employés à Londres, à Leeds, Bradfort et d'autres villes d'Angleterre. Les résultats satisfaisants de l'adjudication ont rendu inutile pour le moment l'emploi de ce moyen qui doit être considéré comme extrême.

Notons, en ce qui concerne l'emploi des gadoues, un fait qui avait fixé l'attention de M. André, l'ingénieur en chef regretté du service municipal : la petite station d'Avize près d'Épernay, située à 155 kilomètres de Paris, prend des gadoues en payant pour le transport 4 fr. 80 par tonne : les quantités expédiées ne dépassent pas il est vrai 1,300 tonnes, après s'être élevées en 1881 à 2,600 tonnes. Néanmoins, cette recherche de la gadoue à un prix qui est deux fois plus élevé que celui que l'on paye aux environs de Paris, semble indiquer que cet engrais convient mieux qu'un autre au sol de la Champagne. M. André ne doutait pas qu'avec des tarifs abaissés, la consommation dans cette région ne dut notablement s'accroître, et c'est en vue d'un essai dans cette direction qu'il avait fait réserver, lors de l'adjudication de 1887, le droit pour la ville de faire l'enlèvement dans le xe arrondissement; cet arrondissement était choisi parce que l'enlèvement des ordures ménagères s'y fait avec facilité et qu'il communique directement par le faubourg Saint-Martin et la rue de Flandres avec la gare de Pantin où devait être établi le quai d'embarquement. Il donne lieu à la production d'un cube journalier moyen de 110 mètres cubes représentant au bout de l'année un cube total de 40,150 mètres cubes. En supposant que la fumure se fasse à raison de 100 mètres cubes à l'hectare, on voit que ce seul arrondissement permettrait de fournir l'engrais à 400 hectares, ce qui suffit largement pour faire une expérience concluante.

Nous avons cité le moyen employé lorsque l'utilisation agricole des gadoues arrive à faire défaut, c'est la destruction par le feu. C'est en Angleterre que nous avons vu appliquer ce moyen le plus complètement.

A la cité de Londres, les résidus ménagers, industriels et des marchés comme le produit du balayage des rues, sont apportés au dépôt de Lett's Wharf, éloigné d'un kilomètre du pont de Blackfriars et de 2,400 mètres de Guidhall qui est à peu près le centre de la cité. Sa superficie est de 7,500 mètres carrés; il a un développement de quais de 64 mètres, une jetée de 30 mètres de longueur et deux drawdocks.

Cinq bateaux peuvent se placer en même temps le longs des quais et de la jetée. Le dépôt est entièrement pavé, il a deux entrées charretières, des écuries pour 84 chevaux, des ateliers, abris, chambres d'habitation, des pièces pour les ouvrières du triage, enfin un four pour la combustion des matières légères.

Le cube d'ordure de la cité (ordures ménagères, détritus industriels et des marchés, balayures des rues), transporté au dépôt, atteignait en 1885, 65,615 tonnes dont 36,117 tonnes venant des habitations et 29,338 provenant du balayage et du curage des réservoirs d'égouts : cela fait une moyenne de 1,260 tonnes par semaine ou 210 tonnes par jour (aucun enlèvement n'étant fait le dimanche) et correspond à 2 tonnes 7 par kilomètre et par jour. Le cube atteint quelquefois 230 tonnes.

Le procédé appliqué aujourd'hui à la moitié de l'apport journalier consiste à cribler les ordures ménagères, à en faire un triage soigné, mettant à part les objets utilisables, et à charger dans des bateaux tout le reste des ordures qui est vendu comme fumier. Le triage revient à peu près à 1 fr. 30 la tonne : les produits du triage sont vendus à part ou simplement portés à la décharge. Les poussières argileuses et les cendres sont mélangées dans les bateaux dans la proportion de 1 à 2 environ et vendues aux briquetiers de 2 fr. 50 à 3 francs les 13 hectolitres. Le crottin ramassé par les jeunes garçons dans les rues de la cité et déposé dans les boîtes à crottin établies sur le bord des trottoirs, est également apporté en dépôt et mélangé sur l'aire ou dans les bateaux avec les ordures molles : la mixture se vend dans certaines saisons jusqu'à 50 francs les 40 tonnes.

Les détritus des marchés sont immédiatement mélangés dans les bateaux aux produits du balayage : ce fumier est emporté ainsi en aval de Londres par la Tamise et quelquefois jusqu'au comté de Kent à une distance de 64 kilomètres environ. Les bateaux sont couverts au moyen de panneaux mobiles.

En somme, si l'on compte le prix du fret et du déchargement, la tonne de gadoue revient aux agriculteurs à 2 fr. 50 environ comme celle de Paris.

Les vieux paniers, paillassons, copeaux qui, mélangés avec les fumiers, en gêneraient la vente, sont brûlés dans le four. On voit que l'Administration de la cité a organisé dans son dépôt une exploitation méthodique des ordures, comprenant le triage, le chiffonnage et la composition des fumiers par les mélanges des diverses natures de boues dans des proportions déterminées. Les bénéfices de cette exploitation, tels qu'ils résultent des chiffres donnés par le colonel Haywood, ont été pour la moyenne des quatre années 1876 à 1880 de 55,000 francs pour 60,000 tonnes environ, soit 0 fr. 90 environ par tonne.

A la suite d'un mouvement d'opinion en faveur de la destruction des matières fermentescibles et d'une campagne assez active dirigée contre l'emploi d'ouvrières au triage des matières, les ingénieurs de la cité ont été amenés, en 1885, à construire dans le dépôt un destructeur du système Fryer. A leur avis le changement n'était réellement pas motivé en ce qui concerne la cité de Londres : d'une part, aucune épidémie ou maladie quelconque n'avait paru frapper les ouvriers ou ouvrières employés au criblage et au triage; d'autre part, on n'avait jusqu'alors rencontré aucune difficulté à vendre soit les fumiers, soit les produits chiffonnés qui constituent la plus forte partie des ordures ménagères dans un quartier tout particulièrement composé de bureaux et de magasins. On n'en a pas moins résolu d'appliquer le système de crémation à une partie des apports journaliers, environ la moitié. Le procédé est en marche depuis le 1er mars 1885.

Le destructeur est construit par la maison Manlove, Alliot, Fryer et Cie de Nottingham. Il consiste en une masse rectangulaire en briques, dont toutes les parties sont fortement chaînées : il comprend une double batterie de fours placés dos à dos, à sole inclinée à 3 mètres de base pour 1 mètre de hauteur et couverts par une voûte formant réverbère. Les ordures, amenées sur une plate-forme qui règne sur toute la partie supérieure, sont projetées dans chacun des compartiments par une ouverture circulaire de 0 m. q. 28 : elles arrivent ainsi en haut du four, où la température est peu élevée, et descendent par leur propre poids jusqu'aux grilles inférieures où la chaleur est plus intense. Un trou de chargement de forme ovale et de plus large ouverture que le trou circulaire est destiné à recevoir les matières de grandes dimensions, telles que lits, matelas infectés, etc.

Ceux-ci sont ainsi projetés directement dans la partie chaude du four. Dans la calotte de chaque compartiment sont ménagés deux orifices ; l'un dont nous venons de parler sert à l'admission des ordures, l'autre à l'échappement des produits gazeux : ils sont séparés par un mur en briques qui empêche l'entraînement des matières nouvellement versées par le courant d'air. Chaque four communique directement avec la haute cheminée. A la partie basse sont les grilles et les parties qui servent à l'allumage initial et à l'extraction des gros résidus. Le destructeur construit à Lett's Whartf est à dix fours. La disposition normale des destructeurs comporte une rampe d'accès permettant d'amener les tombereaux directement sur la plate-forme supérieure des fours. Le dépôt de la Cité ne présentant pas l'espace suffisant pour le développement de cette voie, deux monte-charges ont été établis pour élever les matières jusqu'à la plate-forme ; ils sont mus isolément par une machine à vapeur de 6 chevaux, placée à l'extrémité du destructeur et actionnée par une chaudière chauffée par les gaz perdus des fours.

Le carneau d'appel est disposé de façon à arrêter autant que possible les poussières entraînées par le courant de la cheminée, il est à cet effet coupé par des murettes en briques qui brisent le courant et provoquent des remous.

On détruit dans ce four les parties les moins riches des ordures ménagères, la moitié environ de l'apport journalier. La matière est auto-comburante, et ne demande aucune addition de combustible pour sa destruction : l'opération ne paraît avoir provoqué aucune réclamation de la part des riverains. La destruction d'une tonne demande environ deux heures. La chaleur du four est employée : 1º à la mise en marche des monte-charges ; 2º à couper le foin employé au dépôt ; 3º à l'éclairage électrique de tout le chantier ; 4º à la confection avec les résidus de la crémation d'une sorte de pouzzolane obtenue en mélangeant les cendres broyées avec de la chaux ordinaire ou de la chaux hydraulique.

Ajoutons qu'en raison de sa couleur, de l'obligation de s'en servir sans délai et sans doute de sa mauvaise qualité on a renoncé à cette dernière fabrication. Il en résulte que les cendres sont portées en décharge : elles représentent 25 p. % en volume et 30 p. % en poids de la matière détruite.

Les destructeurs Fryer ont été établis dans des conditions analogues dans plusieurs villes d'Angleterre, à Nottingham, à Leeds, à Bradford. Ils constituent toujours l'annexe d'un dépôt de triage et d'expédition des ordures.

A Nottingham, ville de 350.000 âmes, où le système des middens est presque général, les ordures sont trop humides pour se prêter au chiffonnage; on les apporte au dépôt où elles sont chargées en wagons, quelquefois après les avoir mélangées aux cendres fines provenant du criblage des ordures sèches qui précède l'opération de la destruction dans le four. Inutile de dire que les opérations faites dans ce dépôt sont absolument nauséabondes. Le destructeur est à quatre fours et ne marche que pendant le jour. Le grand amoncellement des scories montre que l'on a de la peine à s'en débarrasser. La chaleur des gaz est utilisée par une machine à haute pression de seize chevaux qui met en marche un élévateur, le crible, des moulins à mortier, une machine dynamo pour l'éclairage des hangars, enfin une pompe alimentant toutes les parties du dépôt. Comme à Londres, une tonne est détruite en deux heures.

A Leeds, sur 68.000 tonnes de matières provenant d'une ville de 326.000 âmes, 45.000 sont traitées par les appareils de destruction du système Fryer, établis à Armley-Road et à Burmantofts. On y retrouve les moulins à mortier dont les produits paraissent se vendre assez bien à Leeds : les scories atteignent toujours 25 p. % environ du cube initial.

Il paraît résulter des témoignages recueillis par la Commission envoyée par la ville de Paris en 1886, et des constatations qu'elle a pu faire, qu'on est arrivé à éviter les inconvénients de l'odeur et des poussières provenant de la crémation des ordures ménagères. Au point de vue de l'hygiène, les officiers médicaux des diverses localités visitées n'ont signalé aucun effet nocif attribuable au destructeur.

Les dépôts sont d'ailleurs, comme dans les autres villes, le lieu de transbordement de toutes les boues des rues et produits des ashpits qui sont utilisés par les agriculteurs.

On y forme même, lorsque la vente se ralentit, des dépôts considérables. Ceux qui sont constitués par les boues et dont quelques-uns peuvent dater de huit mois, ne répandent pas d'odeur sensible. Quant au dépôt des produits des ashpits, qui sont conservés quelquefois plus de quatre à cinq mois, ils donnent lieu à des exhalaisons nauséabondes. Ces derniers produits se vendent 1 fr. 25 la tonne tandis que les boues atteignent le prix de 1 fr. 80.

Le dépôt de Burmantofts comprend un autre appareil inauguré par la maison Manlove, Alliot et Fryer, c'est le carbonisateur : il a pour but de traiter à part les parties vertes des ordures pour les transformer en charbon de bois. Il consiste en un groupe de cellules ayant chacune leur fourneau spécial : chaque cellule est munie à l'intérieur de plaques inclinées, placées alternativement et suivant des lignes héliçoïdales, sur lesquelles tombent les matières à carboniser. Pour éviter l'introduction de l'air dans le four, les gaz chauds sortent de la cellule par une ouverture placée près de la partie supérieure et s'échappent par un carneau vertical de haut en bas, puis par un autre carneau horizontal jusqu'à la cheminée.

Le charbon de bois est retiré toutes les trois heures à l'état rouge et recueilli dans un petit truc qui l'amène au réfrigérant, cylindre tournant autour de son axe et arrosé d'eau froide. Il est ensuite passé au crible. Chaque cellule peut carboniser 2 tonnes et demie d'ordures vertes en vingt-quatre heures. Le combustible employé provient du criblage des détritus secs.

Ajoutons que le carbonisateur de Burmantofts n'est plus en marche et que l'on paraît avoir renoncé à son emploi, en raison de la difficulté de plus en plus grande que l'on avait à en vendre les produits.

Le destructeur de Bradford est à douze fours : il est installé comme les précédents : on fabrique aussi avec les scories du mortier dont le placement s'est fait sans difficultés jusqu'à présent : on le vend de 8 à 10 francs la tonne suivant qu'il est fabriqué avec de la chaux ordinaire ou hydraulique. Les matières sortant des fours paraissent jouir de propriétés pouzzolaniques assez énergiques, probablement en raison des débris de granit provenant du balayage des voies publiques : l'indice d'hydraulicité a été trouvé de 0.87 pour le mortier de Leeds et 1.03 pour celui de Bradford. On retrouve à Bradford les middens et les ashpits : ceux-ci au nombre de 34,000 contre 5,600 water-closets. Les matières renferment moins de charbon que dans les autres villes. Cependant la combustion se fait facilement.

A Glasgow se rencontre également une exploitation méthodique de boues, où l'on a cherché l'utilisation la plus complète des ordures : les ingénieurs ne cachent pas qu'ils y voient un objet de valeur et ce n'est qu'en dernière ressource qu'ils se décident à les détruire. Le four n'est donc là que comme sécurité et ne brûle qu'une faible proportion des matières. En 1885, sur 197,000 tonnes traitées, 30,000 seulement ont passé au four.

Actuellement l'exploitation des ordures, telle qu'elle est faite par l'Administration, fournit du fumier à 2,400 cultivateurs disséminés dans quatorze comtés. Cependant le rapport de M. Young sur l'exercice 1884-1885, constate la diminution de la demande et l'abaissement graduel du prix de vente.

L'Administration possède six cents wagons pour l'envoi des fumiers et seize bateaux. En cas d'insuffisance de la demande, on s'est pourvu d'un terrain situé à 12 milles de Glasgow où peut se faire un dépôt temporaire de matières. Ce dépôt a reçu en 1884-1885 environ 2.700 tonnes.

Les voitures qui amènent les matières pénètrent dans le dépôt qui est entièrement clos, et montent par une rampe jusqu'à l'étage supérieur. Les matières fécales sont vidées dans des bassins en fonte qu'on peut fermer hermétiquement. Les ordures ordinaires sont versées dans un crible conique à double grillage destiné à opérer une séparation.

Les cendres les plus fines passent dans un moulin où elles sont mélangées mécaniquement avec une proportion déterminée de matières fécales dont l'écoulement est réglé à cet effet. La mixture reçoit en même temps une partie des balayures des rues, séparées comme nous le verrons ci-après.

Le mélange, chargé à cet état dans les wagons, répand une odeur fétide. Les wagons sont immédiatement expédiés chez les agriculteurs ou au dépôt de la ville.

Les matières qui ne traversent pas le crible s'écoulent par l'extrémité du cône, sur une toile sans fin qui se déplace avec une vitesse de 7 m. 50 par minute : des femmes se tiennent auprès de cette toile et font, au passage, le triage de tout ce qui peut être utilisé : elles jettent d'un côté, dans les wagons à fumier, tout ce qui est légumes ou paille, de l'autre, les boites de conserves qui sont traitées à part : on en fond l'étain et on en vend le métal.

Le reste arrive à l'appareil crématoire : celui-ci est composé de quatre fours de six pieds de largeur chacun. C'est de l'avis de l'ingénieur, M. Young, qui a organisé le système, la plus grande dimension que l'on doive adopter en largeur. Au delà, il est difficile de manier les matières au moyen de griffes et de les ramener au centre du foyer ou à la porte.

La matière est réduite à 25 p. °/₀ de son volume et 30 °/₀ de son poids : le résidu est employé pour la fondation de nouvelles routes ou simplement porté aux décharges.

L'appareil Young se distingue essentiellement du destructeur Fryer en ce que les matières à détruire sont projetées directement dans la partie chaude du four au lieu de suivre un plan incliné sur lequel elles sont d'abord légèrement chauffées et amenées graduellement au point de calcination. L'inventeur pense qu'il y a avantage, au point de vue du dégagement des vapeurs, à porter immédiatement les ordures à la plus haute température. En revanche, ce système se prête moins bien à l'introduction de fortes charges et par suite exigerait plus de main-d'œuvre que le système Fryer si la destruction était appliquée à une grande quantité de matières, ce qui n'est pas le cas à Glasgow.

Les boues provenant du balayage des rues sont également amenées au dépôt : en raison de la fréquence des pluies à Glasgow, elles sont très souvent imprégnées d'eau. On les déverse dans des bassins à fond incliné et fermés à la partie inférieure du mur d'avant par des portes en fer; l'égouttement dure environ vingt-quatre heures, la matière est alors suffisamment sèche pour être chargée dans les wagons avec les ordures.

Les sables provenant des macadams sont séchés de la même façon et employés à part dans une ferme de 40 hectares louée pour trente et un ans par la ville et située à 10 milles (Fulwood Moss farm).

Ajoutons qu'un ventilateur puissant établit une communication par un large tube, de la partie supérieure de la couverture jusque sous les grilles des fours. La puissance de cet appareil a été accrue dans les derniers dépôts construits (South side) en augmentant la puissance de la pompe rotative et établissant des puits de communication entre les divers étages. Toutes les machines sont chauffées avec le charbon trouvé dans les ordures.

Une exploitation analogue se rencontre à New-York : toutes les matières ramassées sont transportées sur un crible mécanique qui retient les chiffons, papiers, etc..., tandis que les cendres et poussières tombent dans l'eau; là les parties légères (pailles, cuirs, etc.) remontent à la surface et sont brûlées dans un four. Le charbon, les os, pierres, débris de verre, de fer, etc..., tombent au fond et sont triés. Le charbon sert de combustible, le reste est vendu.

A Manchester, les ordures sont transportées en totalité à une fabrique de poudrette située à la porte de la ville. Un triage sépare les papiers, chiffons, débris de fer-blanc, etc..., qui sont vendus. Le charbon est utilisé comme combustible. Les débris animaux de toute espèce sont traités pour la graisse et employés à la fabrication des bougies et des savons.

Le reste est mélangé à des matières excrémentitielles et transformé en poudrette.

A Dublin, une fabrique de poudrette fonctionne dans les circonstances analogues, mais une grande partie des ordures est jetée à la mer.

A Bolton, les ordures sont triées, mélangées à des matières fécales en vue de produits analogues : le reste est brûlé dans un appareil Fryer.

A Amsterdam, l'exploitation est des plus élémentaire, les ordures sont apportées sur des voiries aux abords de la ville et des abattoirs, arrosées de purin et transformées en composts livrés aux agriculteurs. Ce sont des foyers d'infection.

A Brunswick, les boues sont simplement abandonnées à des entrepreneurs qui les déchargent sur des voiries et les utilisent.

A Berlin, il est à remarquer que le cube des ordures va en diminuant à mesure que l'écoulement direct à l'égout se développe, ce qui autorise à penser que ces ordures contenaient et contiennent encore une assez grande quantité de matières fécales : ainsi le cube, qui était de 106,000 tonnes en 1879 et de 108,000 en 1880, est descendu en 1886 à 94,000 tonnes.

A Francfort, où l'enlèvement et les dépôts sont faits par la ville, les cultivateurs de la banlieue viennent chercher les ordures comme engrais. C'est pour la ville une recette de 30,000 francs (non compris la dépense d'enlèvement.)

A Strasbourg, même système, les ordures sont enlevées par la ville et déposées sur une voirie pour être vendues aux enchères quand elles ne peuvent être cédées immédiatement aux agriculteurs. La recette brute a été pour la ville de 25,000 francs en 1884.

A Rome, les ordures sont transportées dans des fosses autorisées par la municipalité à 1,000 mètres de l'enceinte et à 500 mètres des routes principales : la profondeur maximum en est fixée à 2 mètres et les immondices doivent être chaque jour recouvertes de 0 m. 50 de terre.

A Vienne, la ville fournit elle-même aux entrepreneurs d'enlèvement un dépôt de 38,000 mètres carrés.

A Saint-Pétersbourg, les dépôts sont fixés par la municipalité et la préfecture. Depuis quelques années, dans certaines habitations importantes, on a essayé l'incinération des ordures ménagères mélangées avec les matières de vidanges dans des fours spéciaux installés dans l'immeuble même. La dépense de combustible est presque nulle, les matières à incinérer étant d'une destruction facile par suite de leur état de sécheresse. Le meilleur système paraît être celui de l'ingénieur Ganneken. Les cendres sont employées comme engrais.

A Bruxelles, le transport au loin est fait par 17 bateaux appartenant à l'administration.

A Marseille, les matières sont portées à des dépôts autorisés.

Aucun dépôt n'existe aux environs de Lyon.

Dans les campagnes, le problème est plus simple, les fumiers constituent l'unique produit à enlever et ils sont toujours utilisés au voisinage des habitations.

Ce qui importe, à l'égard de ces matières, c'est que des arrêtés municipaux en proscrivent l'amoncellement, tant dans les cours des habitations que sur la voie publique. En effet, les fumiers abandonnés sur le chemin, outre qu'ils y perdent une partie de leur valeur comme engrais, souillent les cours d'eau qui traversent les villages et les puits publics, toujours mal protégés à la campagne contre des infiltrations du sol. Amoncelés dans les cours, ils infectent l'air qu'on respire dans l'habitation ; de plus, ils servent souvent de support aux déjections de toute espèce des habitants, ce qui a été reconnu comme un mode très fréquent de propagation de certaines épidémies, la fièvre typhoïde, la dysenterie, etc.

Enfin, il arrive très fréquemment que les puits également situés dans les cours et nécessairement au voisinage des fumiers, puits sommairement installés et jamais entretenus, ont leurs eaux souillées par le purin qui s'en écoule.

Il est donc nécessaire de faire effort pour obtenir leur éloignement du groupe des habitations.

RÉSUMÉ

1° Pour la collecte des ordures ménagères on voit encore très répandu le système des fosses (middens), où se rencontrent non seulement les débris du ménage, mais, en plus ou moins grande quantité, des excréments. Le système de la boîte à ordure paraît néanmoins se répandre peu à peu. Tantôt la boîte est munie d'un couvercle, tantôt elle est ouverte.

C'est incontestablement le système à recommander en ajoutant les prescriptions suivantes : le récipient doit être en métal, tenu parfaitement propre et, si possible, désinfecté. Il est à remarquer que la désinfection ne se fera régulièrement que si elle est confiée aux agents de la ville et que la dépense est assez considérable.

Au point de vue de l'hygiène de l'habitation, il est désirable que la boîte commune soit mise à la disposition des locataires dès le soir, en un endroit bien aéré de la maison, qu'elle soit munie d'un couvercle facile à enlever ou mieux placée sous un chapeau fixé au mur à hauteur exacte pour qu'il fasse couvercle; la boîte venant se placer dessous serait munie de roulettes.

2º L'enlèvement est fait tantôt par les habitants eux-mêmes qui traitent avec des entrepreneurs municipaux, tantôt par la municipalité elle-même opérant en régie. Il se fait en certaines villes la nuit, plus souvent le matin et quelquefois tout le jour.

Il n'est pas douteux que l'opération se fasse dans de meilleures conditions lorsque l'administration s'en charge, soit par elle-même, soit par l'intermédiaire d'entrepreneurs. Mais si l'enlèvement est fait en régie, on est presque inévitablement conduit, pour utiliser le mieux possible un matériel important, à le faire durer tout le jour. L'emploi d'entrepreneurs permet de mener l'enlèvement le plus rapidement possible, ceux-ci trouvant toujours soit comme cultivateurs, soi comme industriels l'emploi de leurs véhicules et de leurs chevaux pendant le reste de la journée.

Nous n'hésitons pas à réclamer au point de vue de l'hygiène et du confort l'enlèvement journalier et matinal, aussi rapide que possible, de 2 à 3 heures au plus comme à Paris, les heures variant suivant les habitudes locales, mais devant précéder toujours la période active de la circulation dans les rues.

Comme accessoires, il y a lieu de recommander le balayage par la ville, soit au balai, soit à la machine, avec léger arrosement préalable pour éviter les poussières, l'arrosement fréquent de la voie publique. Il est incontestable que c'est à Paris que ce service fonctionne le plus complètement.

Les véhicules employés dépendent beaucoup du mode d'enlèvement et il est difficile de proscrire les voitures des champs, souvent à roues élevées. Il est cependant très désirable d'adopter l'emploi des

chariots bas, avec lesquels on éviterait les accidents fréquents, entraî-
nant parfois mort d'homme, dont sont victimes les ouvriers placés
sur le sommet des voitures élevées, et renversés par les cahots pendant qu'ils déchargent les boîtes ou régularisent le chargement des
tombereaux.

Le type du chariot basculant faciliterait aussi l'opération du transbordement.

Ils doivent et peuvent être tenus absolument propres, lavés chaque jour et repeints au moins deux fois par an.

3º L'examen rapide des procédés employés à l'égard des ordures,
des opinions diverses émises sur leur emploi et de leur valeur intrinsèque, nous a conduit à formuler ainsi notre avis :

Les ordures ménagères, même celles qui sont absolument privées
de matières excrémentitielles, sont un engrais riche, comparable au
fumier de ferme, bien qu'ayant moins de valeur marchande. Il est
très désirable de les utiliser autant que possible et nous avons vu
quelles exploitations compliquées on n'a pas craint d'installer, en
Angleterre particulièrement, pour atteindre ce but. D'autre part,
nous avons vu que la valeur vénale ne dépassait pas 3 francs environ, ce qui limite la distance d'emploi aux points où le transport ne
dépassera pas 2 fr. 50 environ, le prix sur le tas étant de 0 fr. 50
à 0 fr. 75. Nous voyons aussi que ce prix ne payera que rarement
l'enlèvement à domicile qui revient à 2 francs.

Nous n'insisterons pas sur les usines à poudrettes ou produits analogues, parce que leur installation suppose que les ordures contiennent beaucoup d'excréments et que la première recommandation
hygiénique doit être de séparer absolument les détritus ménagers des
fosses d'aisances.

L'emploi par l'agriculture est le système qui prévaudra avec raison, qui pourra être étendu, soit par des abaissements de tarifs, soit
par des exploitations spéciales, comme celle dont nous avons vu l'ap-
plication en Champagne, mais qui, il faut le prévoir, pourrait faire
défaut un jour, et particulièrement en raison des difficultés de plus
en plus grandes que l'on rencontre à faire des dépôts aux environs
des villes. On remédiera beaucoup à ces inconvénients en faisant
des dépôts en pleins champs et au centre des exploitations.

En tout cas, si l'emploi par les agriculteurs venait à manquer, ou
si les prix offerts ne payaient plus le transport de la matière, il y
aurait lieu de recourir à la transformation. C'est la soupape de sû-
reté qu'il est indispensable d'installer ou d'être prêt à installer.

Nous avons vu plusieurs systèmes de destructeurs installés dans de bonnes conditions et ne donnant lieu à aucun inconvénient sérieux. Mais le prix de la destruction est encore considérable, puisqu'il peut être évalué à 1 franc par tonne dans les pays où les matières renferment beaucoup de combustible : c'est donc probablement un chiffre minimum. L'emploi des scories, qui dure encore en Angleterre, paraît diminuer cependant, et il faut prévoir qu'on aura à porter à la décharge les résidus des fours, c'est-à-dire 25 p. % des matières en volume et 30 p. % en poids.

Le prix de revient pour une tonne peut donc s'établir ainsi :

Enlèvement et transport à un dépôt.................... 2 fr. 00

Crémation.. 1   00

Enlèvement des scories................................... 0   50

TOTAL.................. 3 fr. 50

Tant que la tonne de gadoue ne reviendra pas à ce prix, il serait fâcheux de la détruire. A ce moment seulement il conviendra d'examiner qui doit supporter le supplément de dépense dans l'intérêt de l'agriculture.

On ne peut l'imposer d'avance aux municipalités.

Peut-être la solution est-elle dans un traitement un peu différent et que nous résumerons en deux opérations :

1° Séchage des matières ayant pour résultat de les rendre très peu fermentescibles et en même temps de les débarrasser de 20 à 30 p. % de leur poids ;

2° Paquetage des matières et compression (comme on le fait pour les fourrages), afin d'en faciliter le transport et de retarder encore la putréfaction en diminuant la surface de contact avec l'air.

En ce qui concerne les campagnes, on doit réclamer l'éloignement des fumiers des centres habités et proscrire les amoncellements tant dans les cours que sur la voie publique, qui ont pour effet de rendre l'air impur en souillant, soit les cours d'eau, soit les puits, de répandre les germes de maladies épidémiques.

LES ANNALES ÉCONOMIQUES

ANCIENNE *FRANCE COMMERCIALE*

La Revue paraît le 5 et le 20 de chaque mois

CONDITIONS D'ABONNEMENT

Paris : Un an, **20** fr.; Départements : Un an, **22** fr.
Étranger : Un an, **24** fr.

Les Abonnements partent du 5 de chaque mois

On s'abonne sans frais dans tous les Bureaux de poste de France et de l'Union postale.

Ce Recueil est honoré de Souscriptions des Ministères du Commerce et de l'Industrie, de l'Agriculture, de la Marine et des Colonies, du Conseil municipal de Paris, des Grandes Administrations de l'Etat et des Principales Écoles de Commerce de France et de l'Etranger.

ARMAND MASSIP, *Directeur-Gérant;*

ÉMILE BERR, membre de la Société d'économie politique, *Rédacteur en chef.*

COMITÉ DE RÉDACTION :

MM.

BARBE, ✳, député; BARBEY, ✳, sénateur; BURDEAU, ✳, député; E. CHABRIER, O ✳, administrateur de la Compagnie générale transatlantique; G. COMPAYRE, ✳, et PAUL DESCHANEL, députés; LÉON DONNAT, O ✳, membre du Conseil municipal de Paris; EUGÈNE ETIENNE; FÉLIX FAURE, ✳, FERNAND FAURE, députés; FOURNIER DE FLAIX, publiciste; GERVILLE-REACHE, député; ISAAC, sénateur; JAMAIS, JAURES, députés; JOURDAN, ✳, directeur de l'Ecole des Hautes Etudes commerciales; DE LANESSAN, député; E. LEVASSEUR, O ✳, membre de l'Institut; A. PRADON, député; ARTHUR RAFFALOVICH, ✳, publiciste; A. RENOUARD, vice-président de la Société industrielle du nord de la France; JULES RUEFF, ✳, armateur; SABATIER, député; YVES GUYOT, député.

CORRESPONDANTS ÉTRANGERS :

MM.

I.-H. LÉVY, de Londres; M. MATAJA, professeur à l'Université de Vienne (Autriche); VAN HOUTEN, membre de la deuxième chambre des Etats Généraux de la Haye; J. WEILLER, ingénieur aux charbonnages de Mariemont et Bascoup (Belgique).

Les Annales Economiques contiennent, indépendamment de la publication régulière d'études originales dues à la plume autorisée des écrivains qui composent le Comité de Rédaction, la reproduction et le commentaire des principaux articles de Revues et de Journaux et des documents officiels récemment publiés; les comptes rendus de conférences; l'analyse des ouvrages nouveaux; et — dans une **Revue Économique** *générale — l'ensemble des informations relatives au mouvement industriel et commercial de la France et de l'Etranger.*

Aux mains de tous ceux qu'intéressent les questions économiques, elles constituent un résumé complet, une sorte de memento *raisonné de tout ce qui s'est dit ou écrit d'important ou d'original sur ces questions, pendant la quinzaine écoulée.*

Les **Annales Economiques** *paraissent en livraisons de 100 pages; elles forment donc un volume de 1,200 pages, chaque semestre.*

Grâce au prix très modique de l'abonnement, elles constituent le plus avantageux des ouvrages de vulgarisation économique qui ait été créé jusqu'ici.

Le Mans. — Typographie Edmond MONNOYER.